ONE LINE A DAY

FIVE YEARS NOTEBOOK

THIS NOTEBOOK BELONGS TO :

. . . .

JANUARY

1

JANUARY

2

JANUARY
3

JANUARY

4

JANUARY

5

JANUARY

6

JANUARY

7

JANUARY

8

JANUARY

9

JANUARY
10

JANUARY

11

JANUARY

12

JANUARY

13

JANUARY

14

JANUARY

15

JANUARY

16

JANUARY

17

JANUARY
18

JANUARY
19

JANUARY

20

JANUARY
21

JANUARY

22

JANUARY

23

JANUARY

24

JANUARY

25

JANUARY

26

JANUARY
27

JANUARY

28

JANUARY

29

JANUARY

30

JANUARY

31

FEBRUARY

1

FEBRUARY

2

FEBRUARY

3

FEBRUARY

4

FEBRUARY
5

FEBRUARY

6

FEBRUARY
7

FEBRUARY

8

FEBRUARY
9

FEBRUARY

10

FEBRUARY

11

FEBRUARY

12

FEBRUARY

13

FEBRUARY

14

FEBRUARY
15

FEBRUARY

16

FEBRUARY

17

FEBRUARY

18

FEBRUARY

19

FEBRUARY
20

FEBRUARY
21

FEBRUARY

22

FEBRUARY

23

FEBRUARY
24

FEBRUARY
25

FEBRUARY
26

FEBRUARY
27

FEBRUARY
28

FEBRUARY
29

MARCH

1

MARCH
2

MARCH

3

MARCH

4

MARCH
5

MARCH
6

MARCH

7

MARCH

8

MARCH

9

MARCH

10

MARCH

11

MARCH

12

MARCH

13

MARCH
14

MARCH

15

MARCH
16

MARCH

17

MARCH
18

MARCH

19

MARCH
20

MARCH
21

MARCH
22

MARCH

23

MARCH
24

MARCH
25

MARCH
26

MARCH
27

MARCH
28

MARCH
29

MARCH
30

MARCH
31

APRIL

1

APRIL

2

APRIL

3

APRIL

4

APRIL

5

APRIL

6

APRIL

7

APRIL

8

APRIL

9

APRIL

10

APRIL
11

APRIL

12

APRIL

13

APRIL

14

APRIL

15

APRIL

16

APRIL

17

APRIL
18

APRIL

19

APRIL

20

APRIL

21

APRIL
22

APRIL

23

APRIL

24

APRIL

25

APRIL
26

APRIL

27

APRIL

28

APRIL

29

APRIL

30

MAY

1

MAY

2

MAY
3

MAY

4

MAY

5

MAY

6

MAY

7

MAY

8

MAY

9

MAY

10

MAY
11

MAY

12

MAY

13

MAY

14

MAY

15

MAY

16

MAY

17

MAY

18

MAY
19

MAY

20

MAY

21

MAY

22

MAY
23

MAY

24

MAY
25

MAY
26

MAY

27

MAY

28

MAY
29

MAY

30

MAY
31

JUNE

1

JUNE

2

JUNE

3

JUNE

4

JUNE

5

JUNE

6

JUNE

7

JUNE

8

JUNE

9

JUNE

10

JUNE
11

JUNE
12

JUNE
13

JUNE

14

JUNE
15

JUNE
16

JUNE
17

JUNE

18

JUNE
19

JUNE
20

JUNE

21

JUNE
22

JUNE
23

JUNE
24

JUNE

25

JUNE
26

JUNE

27

JUNE
28

JUNE

29

JUNE

30

JULY
1

JULY

2

JULY

3

JULY

4

JULY

5

JULY

6

JULY

7

JULY

8

JULY

9

JULY

10

JULY
11

JULY

12

JULY

13

JULY
14

JULY

15

JULY

16

JULY
17

JULY

18

JULY

19

JULY
20

JULY
21

JULY
22

JULY
23

JULY
24

JULY

25

JULY

26

JULY

27

JULY

28

JULY

29

JULY
30

JULY

31

AUGUST

1

AUGUST

2

AUGUST
3

AUGUST

4

AUGUST

5

AUGUST
6

AUGUST

7

AUGUST

8

AUGUST
9

AUGUST
10

AUGUST

11

AUGUST

12

AUGUST

13

AUGUST
14

AUGUST

15

AUGUST

16

AUGUST
17

AUGUST
18

AUGUST
19

AUGUST

20

AUGUST
21

AUGUST
22

AUGUST
23

AUGUST

24

AUGUST
25

AUGUST
26

AUGUST

27

AUGUST
28

AUGUST
29

AUGUST
30

AUGUST
31

SEPTEMBER

1

SEPTEMBER
2

SEPTEMBER

3

SEPTEMBER

4

SEPTEMBER

5

SEPTEMBER
6

SEPTEMBER

7

SEPTEMBER

8

SEPTEMBER

9

SEPTEMBER
10

SEPTEMBER
11

SEPTEMBER
12

SEPTEMBER 13

SEPTEMBER

14

SEPTEMBER
15

SEPTEMBER
16

SEPTEMBER
17

SEPTEMBER
18

SEPTEMBER
19

SEPTEMBER
20

SEPTEMBER
21

SEPTEMBER
22

SEPTEMBER
23

SEPTEMBER
24

SEPTEMBER
25

SEPTEMBER

26

SEPTEMBER
27

SEPTEMBER
28

SEPTEMBER
29

SEPTEMBER
30

OCTOBER

1

OCTOBER
2

OCTOBER

3

OCTOBER

4

OCTOBER 5

OCTOBER

6

OCTOBER

7

OCTOBER

8

OCTOBER

9

OCTOBER

10

OCTOBER

11

OCTOBER

12

OCTOBER

13

OCTOBER

14

OCTOBER

15

OCTOBER

18

OCTOBER
17

OCTOBER
18

OCTOBER
19

OCTOBER

20

OCTOBER

21

OCTOBER
22

OCTOBER
23

OCTOBER

24

OCTOBER
25

OCTOBER

26

OCTOBER

27

OCTOBER
28

OCTOBER

29

OCTOBER

30

OCTOBER

31

NOVEMBER

1

NOVEMBER
2

NOVEMBER

3

NOVEMBER

4

NOVEMBER

5

NOVEMBER 6

NOVEMBER

7

NOVEMBER

8

NOVEMBER

9

NOVEMBER

10

NOVEMBER

11

NOVEMBER

12

NOVEMBER

13

NOVEMBER

14

NOVEMBER

15

NOVEMBER

16

NOVEMBER
17

NOVEMBER

18

NOVEMBER

19

NOVEMBER

20

NOVEMBER
21

NOVEMBER
22

NOVEMBER
23

NOVEMBER

24

NOVEMBER

25

NOVEMBER
26

NOVEMBER

27

NOVEMBER

28

NOVEMBER
29

NOVEMBER

30

DECEMBER

1

DECEMBER

2

DECEMBER
3

DECEMBER

4

DECEMBER
5

DECEMBER

6

DECEMBER

7

DECEMBER
8

DECEMBER
9

DECEMBER

10

DECEMBER

11

DECEMBER

12

DECEMBER

13

DECEMBER

14

DECEMBER

15

DECEMBER

16

DECEMBER

17

DECEMBER

18

DECEMBER
19

DECEMBER

20

DECEMBER
21

DECEMBER

22

DECEMBER
23

DECEMBER

24

DECEMBER
25

DECEMBER

26

DECEMBER

27

DECEMBER

28

DECEMBER

29

DECEMBER
30

DECEMBER
31

= Marlice Notebooks =

Printed in Great Britain
by Amazon